BEI GRIN MACHT SICH IHR WISSEN BEZAHLT

Mediation in Gruppen. Macht als Konfliktpotenzial und dessen Behebung

Caroline Brunhild Wähner

Bibliografische Information der Deutschen Nationalbibliothek:

Die Deutsche Nationalbibliothek verzeichnet diese Publikation in der Deutschen Nationalbibliografie; detaillierte bibliografische Daten sind im Internet über http://dnb.d-nb.de abrufbar.

ISBN: 9783346266163
Dieses Buch ist auch als E-Book erhältlich.

© GRIN Publishing GmbH
Nymphenburger Straße 86
80636 München

Druck und Bindung: Books on Demand GmbH, Norderstedt Germany
Gedruckt auf säurefreiem Papier aus verantwortungsvollen Quellen

Das vorliegende Werk wurde sorgfältig erarbeitet. Dennoch übernehmen Autoren und Verlag für die Richtigkeit von Angaben, Hinweisen, Links und Ratschlägen sowie eventuelle Druckfehler keine Haftung.

Das Buch bei GRIN: https://www.grin.com/document/937997

Fernstudium | WINGS - Hochschule Wismar

Studiengang: Mediation - Einsendearbeit

Titel:

Gruppen, Macht & Konflikte in der Mediation

Verfasserin: Mag. iur., Caroline B. Wähner, B.A.

Einsendedatum: Dresden, März 2012

Inhaltsverzeichnis

A. Einführung

Die Begriffe Gruppe, Macht und Konflikt können je nach Problemstellung direkt oder indirekt miteinander in wechselseitiger Interaktion stehen. Insoweit kristallisieren sich aus der Thematik unmittelbar Chancen & Risiken bei der Arbeit mit Gruppen heraus. Bekanntermaßen stellen sich im Alltag die Wechselwirkungen einer Gruppe, eines Teams bzw. Arbeits- oder Sozialkreises als höchst „konfliktanfällig" dar. Die Dynamik wird hierbei durch die Machtverteilung in der jeweiligen Gruppe gespeist. Sog. „Intergruppenkonflikte" sind also Ausdruck einer gewissen Machtstruktur und des Anteils der Verteilung in dieser. Die Arbeit vermittelt hierzu grundlegend die Begriffe von Gruppe, Macht und Konflikten. Zudem widmet sich die Verfasserin der Entstehung von Konflikten sowie Hilfen, die zur Zielerreichung der Konfliktlösung bzw. derer Vermeidung mithilfe der Mediationstechniken beitragen. Anhand von Beispielen wird abgesichert, dass nicht nur theoretisches Wissen zum Tragen gelangt, sondern gerade die praktische Relevanz der Mediationsarbeit mit Gruppen, Konflikten und deren Machtverteilungen in diesem Bereich untermauert.

B. Chancen & Risiken von Gruppenarbeit

I.   Begrifflichkeiten

Von einer sog. sozialen *„Gruppe"* ist zu sprechen[1], wenn mindestens zwei Personen[2] in unmittelbarer Interaktion[3] und Kommunikation wechselseitig[4] wirken, üblicherweise jedoch aber ab drei Personen. Immanent ist, dass jede Gruppe eine eigene innere Struktur besitzt, welche abhängig ist von der Persönlichkeit der einzelnen Gruppenmitglieder, von der Beziehung innerhalb der Gruppe zueinander und von den Rahmenbedingungen außerhalb der Gruppe. Die Struktur einer Gruppe baut sich i.d.R. entsprechend dem sog. „Rangdynamik-Modell" von *Schindler*[5] auf. So ist zu beobachten, dass meist ein sog. „Gruppensprecher" (sog.

---

[1] Siehe *Schäfers, B.* (Hrsg.): Einführung in die Gruppensoziologie. Geschichte – Theorien – Analysen. 3., korrigierte Aufl., Wiesbaden 1999, S. 20/21; Henri Tajfel, John C. Turner: The Social Identity Theory of Intergroup Behavior. In: William G. Austin, Stephen Worchel (Hrsg.): Psychology of Intergroup Relations. 2. Aufl., Nelson-Hall, Chicago 1986, S. 15 Zitat: *„ We can conceptualize a group, in this sense, as a collection of individuals who perceive themselves to be members of the same social category, share some emotional involvement in this common definition of themselves, and achieve some degree of social consensus about the evaluation of their group and of their membership in it. "*
[2] Vgl. *Mogge-Grotjahn, H.*: Soziologie. Eine Einführung für soziale Berufe. Freiburg im Breisgau. 1996. S. 81.
[3] Vgl. *Jäckel, M.* (1995). Interaktion: Soziologische Anmerkungen zu einem Begriff. Rundfunk und Fernsehen, 43, (4), 463-476.
[4] Ausf. Schmidt, A: Hoffmann, Dagmar/Winter, Rainer (Hrsg.): Mediensoziologie. Handbuch für Wissenschaft und Studium. – Baden-Baden: Nomos, 2018. S. 18 m.w.N.; siehe bereits Simmel, Georg (1995). Soziologie: Untersuchung über die Formen der Vergesellschaftung. Frankfurt a. M.: Suhrkamp.
[5] *Raoul Schindler* war ein österreichischer Psychotherapeut und Psychoanalytiker. Auf Basis seiner Beobachtungen von Gruppen entwickelte er in den 50er Jahren ein Modell für die Interaktion von

„*Alpha-Position*" = das sog. Alpha-Tier), ein sog. „Initiator" (sog. „*Beta-Position*" = neutrale Rolle), ein sog. „stiller Mitläufer" (sog. „*Gamma-Position*" = Gefolgschaft des Alpha), ein sog. „Schweiger" und ein sog. „destruktiven Außenseiter" (sog. „*Omega-Position*" (= Gegenpol zum Alpha) existiert. In den Positionen geht es jeweils um Macht, Machterhalt, Einfluss und Führung in der Gruppe. Diese Positionsaufteilung erfolgt in jeder Gruppe und wird (zunächst) unbewusst von den Gruppenmitgliedern ausagiert.

II. Beispiele

Besondere Beispiele für Gruppen in der Mediation sind im erbrechtlichen, gesellschaftlichen (bspw. BGB-Gesellschaft) und baurechtlichen Bereich sowie auch in der Umweltmediation, der betrieblichen und politischen Mediation, als auch in einer Mediation mit einer WEG-Gemeinschaft zu finden.

III. Chancen

Die Chance einer Gruppenarbeit besteht in der besseren Lösung von komplexeren Aufgaben und der Steigerung der Arbeitsmotivation und des Engagements des Einzelnen.[6] Von Vorteil kann auch die soziale Unterstützung innerhalb der Gruppe bei schwierigen Aufgaben sein, die zu einem schnelleren und effektiveren Ergebnis führen kann. Positiv bei der Arbeit mit Gruppen ist, dass das „Wissen" der Gruppe insgesamt steigt, denn die einzelnen Gruppenmitglieder bringen unterschiedliche Kompetenzen und Kooperation mit, wovon die Arbeit, das Ergebnis und auch einzelne Gruppenmitglieder durch Wissenszuwachs selbst profitieren. Weitere Vorzüge der Gruppenarbeit liegen in der höheren Arbeitseffektivität und Arbeitszufriedenheit der einzelnen Gruppenmitglieder, da das Arbeitsergebnis auf einer gemeinsamen Entscheidung der Gruppe basiert.

IV. Risiken

Natürlich birgt die Gruppenarbeit nicht nur Vorteile. Risiken[7] bei der Arbeit mit einer Gruppe sind v.a. darin zu sehen, dass „Zuviel" an Zeit für interne Koordination benötigt wird.

Gruppenmitgliedern, was als sog. „Rangdynamisches Positionsmodell", oder kurz „Rangdynamik-Modell" bekannt ist.

[6] Siehe zu Vorteilen der Gruppenarbeit im Überblick bei *Beyer, Horst-Tilo* (Hg.): Online-Lehrbuch BWL, URL: http://www.online-lehrbuch-bwl.de/lehrbuch/hst_kap4/grpparb/mod/vort_grp.PDF Letztes Update: 28.9.2020.
[7] Ausf. *Scholl, W.* (2005). Grundprobleme der Teamarbeit und ihre Bewältigung - Ein Kausalmodell. In: M. Högl & H. G. Gemünden (Hrsg.), Management von Teams. Theoretische Konzepte und empirische Befunde (3.

Gruppenarbeit kann auch eine zu hohe soziale Anforderung an einzelne Gruppenmitglieder darstellen, denn jeder Mensch hat ein unterschiedliches Tempo. Außerdem wirkt nachteilig, dass unangebracht gesteigerter Wert auf Harmonie gelegt wird, anstatt eine effektive kritische Auseinandersetzung mit dem Problem zu suchen.[8] Dieses sog. „Zuviel" an Harmonie kann stille subtile Konflikte innerhalb der Gruppe auslösen, welche die Arbeit des einzelnen Gruppenmitgliedes als auch der gesamten Gruppe bremst und demotivierend auf einzelne Gruppenmitglieder wirken kann. Dies schadet einerseits der Beziehung zwischen einzelnen Gruppenmitgliedern als auch der Gruppe als „System". Weiters kann ein Risiko bei einer Gruppenarbeit darin liegen, dass eine Abschottung gegen externe Kritik und Informationen erfolgt, was sich negativ auf die Lösung des Konflikts auswirken kann.

Insbesondere besteht ein Risiko auch im von *Janis* 1972 geprägten Begriff „Gruppendenken" (engl. „*groupthink*").[9] Dieses führt zur Vermeidung kritischer Diskussionen, was sich negativ auf die Ergebnisfindung auswirken kann. Eine weitere Gefahr kann darin bestehen, dass ausschließlich die Meinung des Gruppenleiters favorisiert sowie die Meinung der Mehrheit überbetont wird. Im Umkehrschluss kann dies dazu führen, dass die Meinung des Einzelnen völlig untergeht. Konsequenz davon ist, dass eine hohe Wahrscheinlichkeit einer Fehlentscheidung auftritt, da Alternativen nicht ausreichend erörtert werden, Risiken nicht bedacht und Informationen nicht ausreichend beschafft werden. Außerdem besteht die Gefahr, dass Einzelne aus der Gruppe ausgeschlossen werden und zur sog. „*Omega-Figur*" (Außenseiter) werden, wenn der Meinung der Gruppe kritisch gegenüberstehen.

V. Schlussfolgerungen

Für den Mediator ist es wichtig eine Gruppenstruktur zu erkennen, d.h. zu realisieren, welches Gruppenmitglied welche Position bzw. Rang in der Gruppe hat und wie diese unterschiedlichen Gruppenmitglieder zu beherrschen sind. Er sollte auf die rangabhängigen Bedürfnisse, Sorgen und Ressourcen der Medianten eingehen können. Dazu benötigt er das Know-how, auf welche Art und Weise er innerhalb eines solchen Rahmens zu einer sachlichen und kooperativen Diskussion und Lösung findet. Der Mediator ist gehalten, zunächst bei den Beziehungen der einzelnen Gruppenteilnehmer ansetzen, denn das ganze „System" oder auch die gesamte

---

Aufl., S. 33-66). Wiesbaden: Gabler. Abruf unter:
https://webcache.googleusercontent.com/search?q=cache:B4bpWkkMMwUJ:https://www.psychologie.hu-berlin.de/de/prof/org/download/Schollteamarb+&cd=12&hl=de&ct=clnk&gl=de. Letztes Update: 28.9.2020.
[8] *Ebd.*
[9] *Janis, I. I.* (1972). *Victims of groupthink*. Boston: Houghton-Mifflin.

Persönlichkeitsstruktur eines Einzelnen ist auch für einen Mediator nicht änderbar. Er muss wissen, dass auf der Ebene der Beziehung der Gruppenteilnehmer untereinander anzusetzen ist. Liegt ein sog. *„groupthink"* vor, stellt sich die Arbeit für den Mediator als komplexer dar, denn der Mediator selbst wird oft als sog. *„Omega-Figur"* (Außenseiter) wahrgenommen. Die Bemühungen des Mediators sollten darin bestehen, bei dem sog. „Zuviel" an Harmonie das Negative hervorzuheben und die Entscheidung der Gruppe ständig kritisch zu hinterfragen. Er sollte weiterhin verstärkt auf die Meinung des Einzelnen achten und ggf. sachverständige Dritte hinzuziehen. Die Diskussion sollte zudem in verschiedenen Gruppenzusammensetzungen erfolgen.

VI.   Zusammenfassung

Zusammenfassend kann gesagt werden, dass sich ein Mediator vor der Mediation der Chancen und Risiken einer Gruppenarbeit bewusst sein sollte. Eine Gruppenmediation kann sich emotionaler und komplexer darstellen als eine Mediation mit nur zwei Medianten. Die Gruppenmediation kann für den Mediator mit einem größeren Zeitaufwand verbunden sein. Sie fordert unter Umständen einen intensiveren Einsatz des Mediators, da mehrere verschiedene Persönlichkeiten aufeinandertreffen und wodurch Machtgefälle entstehen können, die vom Mediator gegebenenfalls ausgeglichen werden müssen. Weiterhin muss er gegebenenfalls damit rechnen, dass die Medianten nicht beherrschbar sind und die Mediation scheitern kann, insbesondere wenn sog. „Omega-Figuren" nicht kompromissbereit sind. Er sollte nach den Vorgesprächen abwägen, ob der Einsatz eines Co-Mediators sinnvoll erscheint, wenn die Anzahl der Beteiligten groß ist, das Thema komplex und emotional besetzt ist und wenn von den Beteiligten unterschiedliche Interessen/Auffassungen zu erwarten sind.

C. Begrifflichkeiten der Macht für die Mediation

I.   Definition: „Macht"

Die sog. „Macht" ist ein politisch-soziologischer Begriff, der für die Abhängigkeits- oder Überlegenheitsverhältnisse verwendet wird, d.h. für die Möglichkeit der Machthabenden gegebenenfalls ohne Zustimmung, gegen den Willen oder trotz Widerstand anderer die eigenen

Ziele durchzusetzen und zu verwirklichen.[10] Die Definition von Macht fällt je nach Blickwinkel und Kontext unterschiedlich aus, insoweit ist es nicht verwunderlich, dass es verschiedene Schwerpunktsetzungen in der Definition gibt. Beispielsweise definiert *Hannah Arendt* in ihrer Studie „Macht und Gewalt" diese anders, als es das Gros der Menschen auf den ersten Blick verstehen würde. Sie konnotiert diese als positiv, d.h. als das Zusammenwirken von freien Menschen im politischen Raum zugunsten des Gemeinwesens erfolgen kann.[11] Anders *Weber's* soziologisch-amorpher Machtbegriff. Er definiert: *„Macht bedeutet jede Chance, innerhalb einer sozialen Beziehung den eigenen Willen auch gegen Widerstreben durchzusetzen, gleichviel worauf diese Chance beruht".*[12]

Gemeinsam ist den Definitionen im Grunde, dass der „Macht" innewohnt, als dass sie von Personen, Gruppen, Organisationen (Parteien, Verbände, Behörde) bzw. dem Staat ausgeübt wird oder von gesellschaftlichen (wirtschaftlichen, technischen, rechtlichen, kulturell-religiös geprägten) Strukturen ausgehen kann. Folglich kann zwischen persönlicher und sozialer Macht sowie Machtstrukturen unterschieden werden.

II.   Ausübung von Macht

Die sog. „Machtausübung" kann auf verschiedene Weise gelebt werden[13]:

1. Einerseits besteht die Option durch die sog. *„Handlungsmacht"* (engl. *„agency"*), welche alle Formen von Aktionen zur Veränderung der sozialen und natürlichen Umwelt umfasst.[14]

2. Andererseits kann sie durch die sog. *„Entscheidungsmacht oder auch Entscheidungsgewalt"*, welche sich auf die Auswahl aus vorhandenen Optionen oder die willentliche Ausprägung neuer Zielsetzungen bezieht, ausgeübt werden.

---

[10]   Website *Bundeszentrale für politische Bildung* (bpb). Definition „Macht". Abruf unter: https://www.bpb.de/nachschlagen/lexika/politiklexikon/17812/macht. Letztes Update: 29.8.2020.
[11] *Arendt, H.:* On Violence. New York/ London 1970. Deutsche Ausgabe: Macht und Gewalt. Piper, München 1970, 15. Aufl. 2003. S. 53.
[12]*Weber, M.:* Wirtschaft und Gesellschaft. Kap. 1, § 16.
[13] Siehe Vgl. *Kaven, C.:* Sozialer Wandel und Macht […]. S. 44.
[14] Vgl. dazu *Helfferich, C.:* „Einleitung: Von roten Heringen, Gräben und Brücken. Versuche einer Kartierung von Agency-Konzepten". In: Helfferich, Cornelia / Bethmann, Stephanie / Hoffmann, Heiko / Niermann, Debora (Hg.): Agency. Die Analyse von Handlungsfähigkeit und Handlungsmacht in qualitativer Sozialforschung und Gesellschaftstheorie. Weinheim / Basel 2012: Beltz Juventa, 9-39, 10: *Bellenbaum, R.; Buchmann, S.:* „Partizipation", mit Rancière betrachtet, in: 31, Nr. 10/11: Paradoxien der Partizipation, 2007, S. 29–34.

3. Überdies gibt es die sog. *„Mobilisierungsmacht"[15]*, welche sich auf die Fähigkeit bezieht Unterstützung von anderen Subjekten für eine Sache zu mobilisieren.

4. Wiederum wird durch die sog. *„ Verfügungsmacht"[16]*, die Nutzung von Sachen, die sich im eigenen oder anderen Eigentum bzw. Besitz befinden, zurückgegriffen.

III.   Der sog. „Machtmensch"

Als *„Machtmensch"* wird, zumeist abwertend ein Mensch mit ausgeprägtem Machtstreben bezeichnet. Als Anzeichen dieser Persönlichkeit sind u.a. Dominanz und ausgeprägte Charakterzüge zu nennen. Diese schöpfen sich auch dem Laien eingängigen sog. „Machtquellen", wie z.B. Charisma, Eloquenz und Ansehen, Informationsvorsprung und Kompetenzvorsprung durch Fachwissen, wirtschaftliche und politische Eloquenz, intellektuellem Vorsprung, höherer gesellschaftlicher bzw. beruflicher Position sowie emotionaler Stabilität bzw. einem subjektiven Machtgefühl. *French & Raven* bzw. *Raven & Kruglanski* teilen gerade genannte Machtquellen in sechs Kategorien ein:

1. Belohnungsmacht,
2. Bestrafungsmacht,
3. Legitimierte Macht,
4. Vorbildmacht,
5. Expertenmacht und
6. Informationsmacht ein.

Sog. *„Machtmenschen"* wohnt zumeist inne, dass sie das „Leid" des oder der Anderen nicht sehen. Deshalb ist an dieser Stelle der Mediator gefordert, klare Grenzen und eine klare Handlung an den Tag zu legen. Der Mediator sollte die Situation bzw. Taktiken des sog. *„Machtmenschen"* transparent machen und darauf achten, dass durch seine Mithilfe das sog.

---

[15] Vgl. hierzu *Krummenacher, M.*: Die Mobilisierungsmacht der deutschen Anti-ACTA-Bewegung, München, GRIN Verlag 2012, https://www.grin.com/document/231264.
[16] Zur juristischen Einordnung in das dt. Recht s. Juraforum unter dem Begriff: „Verfügungsmachr". URL: https://www.juraforum.de/lexikon/verfuegungsmacht. Letztes Update: 28.9.2020. Vertiefend *Simokat, A. B.*: Die Verfügungsmacht. Diss. Jur. Schriften zum Bürgerlichen Recht. Duncker & Humblot, Berlin 2014.

„System der Macht" nicht gestärkt wird. Er sollte überdies darauf achten, dass die schwächere Partei nicht verleumdet wird und bei Anzeichen von Rache durch den sog. *„Machtmenschen"* einschreiten. Gegebenenfalls löst er die Sitzung der Mediation oder auch die ganze Mediation auf. Der sog. *„Machtmenschen"* sollte zu keinem Zeitpunkt das Gefühl haben, er würde verlieren. Bei Drohungen des sog. *„Machtmenschen"* muss der Mediator regulierend einschreiten, da diese nicht zu dulden ist. Es gilt zu bedenken, dass bei sog. *„Machtmenschen"* zwar bei verletzenden Worten eingeschritten werden kann, jedoch bei diesem mehr auf die Ergebnisse/Früchte, als auf seine Worte zu achten ist. Dies kann der schwächeren Partei gegebenenfalls in einem Einzelgespräch aufgedeckt und aufgezeigt werden, wenn diese mehr Wert auf das Ergebnis/die Früchte als auf einen harmonischen Umgang in der Zukunft legt.

IV. „Machtungleichgewicht" & „Machtausgleich"

In der Mediation spielen, v.a. das sog. *„Machtungleichgewicht"* (asymmetrisches Machtverhältnis) und der erwünschte bzw. angestrebte sog. *„Machtausgleich"* bzw. *„Powerbalance"*) eine gewichtige Rolle.[17]

1. Zu „Machtungleichgewichten" (sog. „asymmetrische Machtverhältnisse")

Sog. „Machtgefälle" sind stabile, asymmetrische Beziehungen mindestens zwischen mindestens zwei Menschen. Ein solches kann jedoch auch gegeben sein, wenn eine Konfliktpartei in der Überzahl ist. Weiterhin ist dieses auch möglich, wenn allein auf einer Seite ein Machtungleichgewicht zwischen den Beteiligten besteht.

Die sozialen Regeln, welche dieses Gefälle strukturieren, bestimmen die Art der Machtstruktur (Machtverteilung) zwischen Menschen. Es sind die Regeln erstens für die Verteilung von Ressourcen, zweitens für die Verteilung von Positionen und damit die Anordnung von Menschen in sozialen Systemen und drittens die Rangfolge und damit für die Bevorzugung bestimmter Ideen über die richtige Machtverteilung.

---

17 Dazu s. *Wendenburg, F.*: Zum Umgang mit Machtungleichgewichten in der Mediation: Problemaufriss und Regelungsvorschlag. In: KritV, CritQ, RCrit. Vol. 98, No. 1 (2015), pp. 33-48.

In der Mediation ist von einem Machtgefälle die Rede, wenn eine Konfliktpartei weniger Einfluss als eine andere Partei hat. In der Regel liegt in einer Konfliktsituation oft ein sog. *„asymmetrisches Machtgefälle"* vor.[18]

Beispiele sind u.a.: wenn eine Partei finanziell stärker ist, als die andere Partei, insbesondere im Verhältnis Arbeitgeber und Arbeitnehmer oder ein dominanter Part gegenüber einem unsicheren Part, eine Ehefrau, die die Scheidung eingereicht hat, gegenüber dem verlassenen Ehemann, der berufliche erfahrene und erfolgreiche Unternehmer gegenüber einem Berufsanfänger, der Vermieter gegenüber dem Mieter, die große Schwester, die von Beginn an die Verantwortung hatte und von den Eltern bevorzugt wurde, gegenüber den jüngeren Geschwistern.

2. Sog. „Machtausgleich" (sog. „Powerbalance" bzw. „Empowerment")

Der sog. *„Machtausgleich"* wird auch als sog. *„Powerbalance"* oder *„Empowerment"* bezeichnet.[19] Einfacher ausgedrückt, wird darunter v.a. die Selbststärkung oder -bemächtigung bzw. auch die Selbstbefähigung verstanden. Der Ansatz bzw. das Konzept unterliegt der Vorstellung der Gleichwertigkeit von Menschen und dem Streben nach ausgewogenen, symmetrischen Beziehungen, insbesondere was die Machtverteilung angeht. Die Vielzahl der Definitionsansätze lässt jedoch keine einheitliche Definition zu.

Anstelle vieler sei auf die, m.E. nach prägnante, Definition von *Herriger*, verwiesen:

„[...] ein Begriffsregal, das mit unterschiedlichen Grundüberzeugungen, Wertehaltungen und moralischen Positionen aufgefüllt werden kann"[20].

V.   Arbeitsoptionen des Mediators für die sog. *„Powerbalance"*

Anhand der Definition von „Macht" durch *Weber*[21], kann obige Strategie, v.a. in Phase 1-3 der Mediation, klar erarbeitet werden: Diese besagt, dass Machtfülle auf der einen Seite, ohne relative Ohnmacht auf der anderen Seite, nicht denkbar ist. Anders ausgedrückt: Menschen, die in der Position relativer Machtüberlegenheit stehen, wird Macht genommen, hingegen wird Menschen, die in der Position relativer Machtunterlegenheit stehen, Macht zugeführt.

---

18 Dazu *Fechler, B.*: Auftragsklärung - Konfliktcoaching - Strategieberatung: Über die Einbindung des de jure Auftraggebers in der Organisationsmediation. In: Spektrum der Mediation 47/2012, S. 12.
19 *Herriger* 2002, S. 12.
20 A.a.O., S. 15.
21 *Weber, M.*: Wirtschaft und Gesellschaft. S. 28.

Zunächst muss daher ein Mediator feststellen, ob ein solches Machtgefälle vorliegt und dieses, sobald es die Mediation negativ beeinträchtigt, ausgleichen.

Ein Mediator kann ein sog. „Machtgefälle" durch bestimmte Handlungs- und Verhaltensweisen v.a. in Phase 1-3 des Mediationsprozederes beeinflussen. Bspw. kann er Einfluss auf die Sitzordnung nehmen und Gespräche zwischen den Medianten steuern, indem er darauf achtet, dass beide Medianten genügend Raum zur Äußerung haben. Der Mediator kann auch verschiedene Techniken aus dem so genannten „Werkzeugkoffer" benutzen, wie das Doppeln bzw. Spiegeln, welches unterstützend auf die schwächere Partei wirkt bzw. indem er bewusst Pausen oder Einzelgespräche einbaut. Ebenso kann er Dritte zur Unterstützung der schwächeren Partei – mit Zustimmung aller Konfliktparteien - einladen. Weiterhin sollte er auf die Strukturierung des Verfahrens großen Wert legen und darauf Acht geben, dass die mächtigere Partei nicht die Oberhand in der Mediation gewinnt. Eingreifen sollte er, sobald er bemerkt, dass eine Partei die andere psychologisch zu beeinflussen versucht. Dieser Eindruck ist ggü. der anderen Partei(en) offen kund zu tun bzw. durch offene Fragen zu begegnen.

Zusammenfassend kann festgehalten werden, dass der Mediator stets die „Oberhand" über das Geschehen avisiert. Dies sollte er ggü. den Medianten umso deutlicher zeigen, je dominanter und machtbewusster einzelne Medianten sind bzw. je höher ein Machtgefälle ist.

Ein Machtausgleich ist durch den Mediator also stets erforderlich, damit am Ende der Mediation eine einvernehmliche - für beide Seiten befriedigende - Lösung gefunden wird.

D. Mediation in sog. „Intergruppenkonflikten"

I. Grundlegendes

Der Mediator ist gehalten, sein Hauptaugenmerk auf die Grundprinzipien der Mediation zu richten. Zu diesen gehören insbesondere die Freiwilligkeit, die Selbstverantwortlichkeit und die Informiertheit der Parteien sowie Vertraulichkeit und Ergebnisoffenheit gepaart mit Allparteilichkeit und Neutralität. Zu beachten ist, dass keine Verletzung der Neutralität und Allparteilichkeit bei Transparenz gegenüber beiden Seiten und Rechtfertigung der Unterstützung vorliegt.

Zur Professionalität eines Mediators gehört, dass er stets darauf zu achten hat - auch bei Deckung der Auffassung mit der mächtigeren Partei - dass ein Ausgleich der unterschiedlichen Machtverhältnisse gegeben ist.

Problematisch ist im Einzelfall, wenn der Mediator die Positionen der Gegenseite als unerträglich und unakzeptabel erachtet. Hierbei ist es nicht immer möglich, die schwächere Partei adäquat zu unterstützen und Machtgleichgewicht herzustellen. Bemerkt ein Mediator diesen inneren Konflikt, sollte er dies rechtzeitig den Medianten darlegen, einen anderen Mediator vorschlagen bzw. die Mediation gegebenenfalls abbrechen.

II.   Der sog. „Intergruppenkonflikt"

Der Begriff selbst leitet sich aus dem lat. inter „zwischen" und confligere „kämpfen" ab und ist die Bezeichnung für einen Konflikt, der zwischen verschiedenen sozialen Gruppen auftritt. Unter dem Begriff des sog. „Intergruppenkonflikts"[22] werden wiederum viele unterschiedliche Phänomene subsumiert, z.B.: Vorurteile, Diskriminierung, Ungerechtigkeit, fortwährende Ungleichheit, Unterdrückung usw., so dass eine eindeutige Definition ohne Weiteres nicht möglich ist, was an dieser Stelle jedoch dahinstehen kann.

In der Mediation von Intergruppenkonflikten geht es häufig um „Vorurteilen" als Persönlichkeitsmerkmal und/oder „Diskriminierung" einer Gruppe ggü. einer anderen. Hierbei ist ein „Vorurteil"[23] (engl. „prejudice") beispielsweise die negative Einstellung ggü. einer Gruppe, zu der man selbst nicht gehört, der sog. out-group oder Fremdgruppe – und gegenüber deren Mitgliedern, und zwar im Vergleich zur eigenen Gruppe, der sog. in - group.[24] Wiederum handelt es sich um „Diskriminierung", wenn ein deutliches negatives Verhalten und Herabsetzen - ggf. gepaart mit Überlegenheitsgefühl - gegenüber einer solchen Fremdgruppe und ihren Mitgliedern vorliegt.[25]

---

[22] Vgl. *Brown, R.: Beziehungen zwischen Gruppen.* In: W. Stroebe, K. Jonas, M. Hewstone (Hrsg.): *Sozialpsychologie.* 4. Aufl., Springer, Berlin 2002, S. 537–576; *Stangor, Ch.: Social Groups in Action and Interaction.* Chap. 13: *Cooperation and Conflict Between Groups.* S. 311–334.
[23] Siehe *Tajfel, H.: Gruppenkonflikt und Vorurteil.* Hans Huber, Bern u. a. 1982.
[24] Hierzu s. *Allport, G.: The Nature of Prejudice.* 1971 (Originaltitel: *The Nature of Prejudice.* 1954.); *Intergroup Relations.* In: Donelson R. Forsyth: *Group Dynamics.* Brooks/ Cole, Belmont 1999, S. 375–408, Kapitel 13.
[25] Dazu s. *Fechler, B.:* Diversity-Konflikte besprechbar machen, Die Diskriminierungs-Matrix als Orientierungshilfe, in Perspektive, Schwerpunkt 94, 2/2012 sowie Antidiskriminierungsberatung in der Praxis, Die Standards für eine qualifizierte Antidiskriminierungsberatung ausbuchstabiert, advd Antidiskriminierungsverband Deutschland, S. 25. URL: http://www.antidiskriminierung.org/files/Antidiskriminierungsberatung_in_der_Praxis.pdf. Letztes Update: 28.9.2020.

III.   Beispiele

Spezielle Fälle von Intergruppenkonflikten sind in der Arbeitswelt, Politik, aber auch bei interkulturellen[26] Konflikten zu finden, so z.b. im Verhältnis Führungsebene/Arbeiter, Partei/ Parteimitglied(er), BRD/anderer Staat oder Staatsbürger/Migrant. Ein zunehmend wichtiges Beispiel für Intergruppenkonflikte für die Mediation ist zudem der Bereich des Baurechts und der Umwelt (Stichwort: Flughafen BER).

IV.   Gestaltung einer Mediation mit „Intergruppenkonflikt"

Obige Überlegungen führen nun zur Frage, wie sich der Mediator bei Vorliegen von Intergruppenkonflikten günstigstenfalls verhält.

Hinsichtlich der Gestaltung einer Mediation mit sog. „Intergruppenkonflikten" kann zunächst einmal auf die Beachtung bereits genannter Grundprinzipien für die Mediation verwiesen werden. Das dort bereits aufgezählte, sollte sich der Mediator, insbesondere dieser besonderen Art der Mediation selbstredend im Vorfeld verdeutlichen und bewusstmachen.[27]

Speziell eine Co – Mediation[28] kann sich als sehr sinnvoll erweisen, denn Intergruppenkonflikte können sich als langwierig, sehr komplex, sehr emotionsgeladen und schwer handhabbar darstellen. Gegebenenfalls sollte sich jeweils ein Mediator im Vorfeld in Gesprächen auf eine der beiden Gruppen konzentrieren.

Um einen Intergruppenkonflikt, insbesondere bei interkulturellen Konflikt zu mediieren (vgl. aus dem „Methodenkoffer" das Umformulieren, Stuhltausch, Selbst/Fremdbild-Konfrontation, Doppeln oder Sternanalyse), sind ggf. weitere Werkzeuge hinzuzuziehen. Zu erwähnen, sind u.a. die Methoden der „*Recategoriezation*", des „*Dual - idenify*" oder „*Cross – cutting categorie*".

---

[26] Vgl. *Dulabaum* (1998): S. 95ff.; *Besemer* (1994): S. 108f.
[27] Hierzu *Kaiser, R.* (2008). „Jetzt machen wir Gruppenarbeit". Weiterbildung. Zeitschrift für Grundlagen, Praxis und Trends (5), 22–25; *Wendor, J. A.* (2012). Das Lehrbuch. Trainerwissen auf den Punkt gebracht. Bonn: Manager Seminare Verlags GmbH; *Szepansky, W.-P.* (2010) Souverän Seminare leiten. Gruppenprozesse und Leitungsrolle (2.Aufl.). Bielefeld: W. Bertelsmann.
[28] *Zurmuehl, S.* (2012): Co-Mediation-ein Plädoyer. BAFM. ZKJ 6/2012. URL: http://sabine-zurmuehl.de/wp-content/uploads/2017/12/ZKJ-6-12-Co-Mediation-BAFM.pdf. Letztes Update: 28.9.2020.

Erstens kann mithilfe der Herangehensweise der „*Recategoriezation*"[29] in der Mediation ein Einfluss darauf genommen werden, auf welche Kategorien zurückgegriffen wird, indem entgegengesetzte durch übergeordnete Kategorisierungen ersetzt werden, d.h. eine neue gemeinsame Gruppenidentität zu schaffen. Beispielweise „*Europäer*" und nicht mehr „*Deutscher*" oder „*Franzose*". Es erfolgt eine Zuordnung in eine gemeinsame Gruppe.

Zweitens kann sich der Mediator am sog. „*Dual – idenify – Modell*"[30] orientieren. Dies ist die Vorstellung einer zweifachen Identität – also, wenn sich z.b. Schüler einer multi - ethnischen Schule sowohl als Mitglieder einer ethnischen Gruppe, als auch als Deutsche begreifen.

Drittens darf der sog. „*Cross – cutting – categories*[31] Ansatz (deutsch: „*Parallelmontage*") zu Hilfe genommen werden, indem der „Andere" (in unterschiedlichen Dimensionen) gleichzeitig als Mitglied der eigenen oder der anderen Gruppe definiert wird, z.b. ein Deutscher und ein Türke sind beide Fans des FC Köln.

Wichtig ist aber zunächst in der Phase der sog. „Interessenfindung" (Phase 3), dass es gelingen sollte, die Parteien, welche sich oftmals schon lange Zeit hinter ihren Positionen verschanzt haben, durch die Anerkennung des jeweiligen Interesses dazu zu bringen, die Positionen zu verändern und zu modifizieren. Dazu müssen sich die einzelnen Gruppenmitglieder zunächst einmal von ihren eingenommenen Positionen entfernen, losgelöst von diesen auf die Situation blicken und sich selber und den anderen Gruppenmitgliedern verdeutlichen, wo ihre Ängste und Befürchtungen liegen und welches ihre tatsächlichen Wünsche und Ziele sind.

Der Mediator sollte das Bestreben haben, den Medianten bewusst zu machen, dass eine Verbesserung der interkulturellen Beziehungen auch viel Positives mit sich bringen kann.

Das Ziel einer solchen Mediation ist die Qualität und die Quantität der Intergruppenkontakte zu verbessern.

---

[29] Siehe *Gaertner, S., Dovidio, John F., Anastasio, Phyllis A., Bachmann, B.*.: The Common Ingroup Identity Model: Recategorization and the Reduction of Intergroup Bias. In: European Review of Social Psychology 4(1):1-26. 1/1993.
[30] Hierzu *Baysu, G. Phalet, K., Brown, R.* (2011): Dual identity as a two-edged sword. [...]. In: Social Psychology Quarterly 74 (2): pp. 121-143. 6/2011.
[31] So bereits *Billig, M., Tajfel, H.*: *Social Categorization and similarity in intergroup behavior*. In: European *Journal of Social Psychology*. Band 3, Nr. 1, Januar 1973, S. 27–52.

Seine Aufgabe ist es negative Stereotypen, Einstellungen und diskriminierende Handlungen von den einzelnen Individuen hervorzuheben und zu beeinflussen – nicht zuletzt, weil sich aus ihnen zahlreiche negative Folgen für die Menschen ergeben, die von diesen Stereotypen, Vorurteilen und Diskriminierungen betroffen sind. Überdies ist es wichtig, dem einzelnen Menschen zu verdeutlichen und bewusst zu machen, dass sein negatives Verhalten anderen als Vorbild dient bzw. dienen kann.

Ein weiterer positiver Effekt könnte entstehen, wenn Mitglieder dieser beiden Gruppen sich z.B. wenn:

- unter Bedingungen der Gleichberechtigung treffen,
- in Situationen treffen, in denen Stereotype eher entkräftet werden,
- wenn eine Zusammenarbeit der zwei Gruppen stattfindet,
- wenn die Beteiligten sich besser kennenlernen wollen,
- und wenn die gesellschaftlichen Normen die Idee der Gleichheit fördern.

Eine wichtige Variable auf Vorurteile ergibt sich über den Effekt von Freundschaften von Fremdgruppenmitgliedern. Durch Studien wurde nachgewiesen, dass in der Begegnung der Gruppen deren Abgrenzung erhalten bleiben soll, damit positive Wahrnehmungen einzelner Gruppenmitglieder auf die gesamte andere Gruppe übertragen werden.

Kontakte haben dann keine positive Wirkung, wenn das Mitglied der anderen Gruppe als untypisch wahrgenommen wird. Es besteht allerdings das Risiko, dass dann, wenn der Mediator in der Begegnung Kategorien hervorhebt, Abgrenzungen bestärkt und Ängste gefördert werden. Daher sollte dies nicht in den ersten beiden Phasen der Mediation – dem Vorgespräch / des Erstkontakts bzw. der Themensammlung geschehen. Um eine Freundschaftsbildung zu fördern kann der Mediator (in Phase 4) versuchen, ein gruppenübergreifendes, zivilgesellschaftliches Netzwerk aufzubauen. Dieses stellt eine entscheidende Voraussetzung für ein friedliches Zusammenleben dar. Solche Netzwerke sind bspw. Unternehmensverbände oder soziale Netzwerke, wie z.B. Filmclubs. Entscheidend könnte sein, dass die beiden Gruppen in solchen konstruktiven Kontexten miteinander zu tun hatten.

Wie bereits ausgeführt, kann der Mediator neben den Intergruppenkontakten sinnvollerweise versuchen, andere Interventionen mit dem Instrument des Kontakts zu kombinieren.

Geschlussfolgert werden kann, dass sich der Mediator eines Intergruppenkonflikts bewusst sein sollte, dass Intergruppenkontakt, insbesondere dann zur Reduktion von Intergruppenkonflikten führt, wenn:

1. die Beteiligten (zumindest in der Konfliktsituation) den gleichen Status haben,

2. ein gemeinsames Ziel verfolgen,

3. Gelegenheit zum persönlichen Kontakt gegeben ist und

4. der Kontakt durch Autoritäten (wie einem Mediator) unterstützt wird.

E. Literaturverzeichnis

Allport, G.: The Nature of Prejudice. 1971 (Originaltitel: *The Nature of Prejudice.* 1954.

Arendt, H.: On Violence. New York/ London 1970. Deutsche Ausgabe: Macht und Gewalt. Piper, München 1970, 15. Aufl. 2003). S. 53.

Baysu, G. Phalet, K., Brown, R. (2011): Dual identity as a two-edged sword. [...]. In: Social Psychology Quarterly 74 (2): pp. 121-143. 6/2011.

Bellenbaum, R.; Buchmann, S.: „Partizipation", mit Rancière betrachtet, in: 31, Nr. 10/11: Paradoxien der Partizipation, 2007, S. 29–34.

Besemer, Ch., Mediation. Vermittlung in Konflikten, 2. Aufl. Baden, 1994, S. 108 f.

Billig, M., Tajfel, H.: Social Categorization and similarity in intergroup behavior. In: *European Journal of Social Psychology.* Band 3, Nr. 1, Januar 1973, S. 27–52.

Brown, R.: Beziehungen zwischen Gruppen. In: W. Stroebe, K. Jonas, M. Hewstone (Hrsg.): *Sozialpsychologie.* 4. Aufl., Springer, Berlin 2002, S. 537–576.

Dulabaum, Nina L. (1998): Mediation: Das ABC: ... Weinheim; Basel: Beltz., 1998, S. 95ff.

Fechler, B.: Diversity-Konflikte besprechbar machen, Die Diskriminierungs-Matrix als Orientierungshilfe, in Perspektive, Schwerpunkt 94, 2/2012.

Gaertner, S., Dovidio, John F., Anastasio, Phyllis A., Bachmann, B..: The Common Ingroup Identity Model: Recategorization and the Reduction of Intergroup Bias. In: European Review of Social Psychology 4(1):1-26. 1/1993.

Helfferich, C.: „Einleitung: Von roten Heringen, Gräben und Brücken. Versuche einer Kartierung von Agency-Konzepten". In: Helfferich, Cornelia / Bethmann, Stephanie / Hoffmann, Heiko / Niermann, Debora (Hg.): Agency. Die Analyse von Handlungsfähigkeit und Handlungsmacht in qualitativer Sozialforschung und Gesellschaftstheorie. Weinheim / Basel 2012: Beltz Juventa, 9-39, 10.

Intergroup Relations. In: Donelson R. Forsyth: *Group Dynamics.* Brooks/ Cole, Belmont 1999, S. 375–408, Kapitel 13.

Jäckel, M. (1995). Interaktion: Soziologische Anmerkungen zu einem Begriff. Rundfunk und Fernsehen, 43, (4), 463-476.

Janis, I. I. (1972). *Victims of groupthink.* Boston: Houghton-Mifflin.

Kaiser, R. (2008). „Jetzt machen wir Gruppenarbeit". Weiterbildung. Zeitschrift für Grundlagen, Praxis und Trends (5), 22–25.

Kaven, C.: Sozialer Wandel und Macht. Die theoretischen Ansätze von Max Weber, Norbert Elias und Michel Foucault im Vergleich (Hochschulschriften. Metropolis., 1. Aufl. 2006. S. 44.

Mogge-Grotjahn, H.: Soziologie. Eine Einführung für soziale Berufe. Freiburg im Breisgau. 1996. S. 81.

Schäfers, B. (Hrsg.): Einführung in die Gruppensoziologie. Geschichte – Theorien – Analysen. 3., korrigierte Aufl., Wiesbaden 1999, S. 20/21; Henri Tajfel, John C. Turner: The Social Identity Theory of Intergroup Behavior. In: William G. Austin, Stephen Worchel (Hrsg.): Psychology of Intergroup Relations. 2. Aufl., Nelson-Hall, Chicago 1986, S. 15.

Schmidt, A.: Hoffmann, Dagmar/Winter, Rainer (Hrsg.): Mediensoziologie. Handbuch für Wissenschaft und Studium. – Baden-Baden: Nomos, 2018. S. 18 m.w.N.

Schubert, K./Klein M., das Politlexikon, 4. Aufl., 2006.

Stangor, Ch.: *Social Groups in Action and Interaction.* Chap. 13: *Cooperation and Conflict Between Groups.* S. 311–334.

Simmel, G. (1995). Soziologie: Untersuchung über die Formen der Vergesellschaftung. Frankfurt a. M.: Suhrkamp.

Simokat, A. B.: Die Verfügungsmacht. Diss. Jur. Schriften zum Bürgerlichen Recht. Dunker & Humblot 2014.

Szepansky, W.-P. (2010) Souverän Seminare leiten. Gruppenprozesse und Leitungsrolle (2. Aufl.). Bielefeld: W. Bertelsmann.

Tajfel, H.: *Gruppenkonflikt und Vorurteil.* Hans Huber, Bern u. a. 1982.

Weber, M. (1980): Wirtschaft und Gesellschaft. Grundriß der verstehenden Soziologie, Tübingen. (Zit.: *Weber, M.*: Wirtschaft und Gesellschaft. Kap. 1, § 16; S. 28).

Wendor, J. A. (2012). Das Lehrbuch. Trainerwissen auf den Punkt gebracht. Bonn: Manager Seminare Verlags GmbH.

F. Onlineverzeichnis

Antidiskriminierungsberatung in der Praxis.
Die Standards für eine qualifizierte Antidiskriminierungsberatung ausbuchstabiert, advd Antidiskriminierungsverband Deutschland, S.25 http://www.antidiskriminierung.org/files/Antidiskriminierungsberatung_in_der_Praxis.pdf.

Krummenacher, M.: Die Mobilisierungsmacht der deutschen Anti-ACTA-Bewegung, München, GRIN Verlag 2012, https://www.grin.com/document/231264. Letztes Update: 29.8.2020.

Website *Bundeszentrale für politische Bildung* (bpb). Definition „Macht". Abruf unter: https://www.bpb.de/nachschlagen/lexika/politiklexikon/17812/macht. Letztes Update: 29.8.2020.

Juraforum. „Verfügungsmachr". URL: https://www.juraforum.de/lexikon/verfuegungsmacht. Letztes Update: 28.9.2020.

Zurmuehl, S. (2012): Co-Mediation-ein Plädoyer. BAFM. ZKJ 6/2012. URL: http://sabine-zurmuehl.de/wp-content/uploads/2017/12/ZKJ-6-12-Co-Mediation-BAFM.pdf. Letztes Update: 28.9.2020.